AF162250

Discover Entdecke Découvrir
Provence Alpes Côte d'Azur

Heinz Duthel

Discover Entdecke Découvrir Provence Alpes Côte d'Azur

Photobook Livre de photos Fotobuch

Bibliografische Information der Deutschen Nationalbibliothek:
Die Deutsche Nationalbibliothek verzeichnet diese Publikation in der Deutschen Nationalbibliografie; detaillierte bibliografische Daten sind im Internet über http://dnb.dnb.de abrufbar.

© 2017 Name des Autors/Rechteinhabers **Heinz Duthel**

Illustration: **Heinz Duthel**
weitere Mitwirkende: **Schriftsteller.club**

Herstellung und Verlag: BoD – Books on Demand, Norderstedt

ISBN: **9783743195974**

Discover Entdecke Découvrir Provence Alpes Côte d'Azur Photobook Livre de photos Fotobuch

D iscover Entdecke Découvrir Provence Alpes Côte d'Azur Photobook Livre de photos Fotobuch

Provence Alpes Côte d'Azur ist eine der 18 Verwaltungsregionen Frankreichs. Zu ihr gehören die Départements Alpes-de-Haute-Provence, Hautes-Alpes, Alpes-Maritimes, Bouches-du-Rhône, Var und Vaucluse.

La Provence-Alpes-Côte d'Azur est une région du Sud-Est de la France. C'est la région touristique par excellence bien sûr par son climat et le bord de mer, mais aussi grâce aux ressources culturelles très riches.

Provenza-Alpi-Costa Azzurra (Provence-Alpes-Côte d'Azur) è una delle regioni della Francia.

Provence-Alpes-Côte d'Azur is the most popular holiday region in the south of France. It covers a large area from the Mediterranean Sea in the south up to the French Alps in the north and extends east-west along the coast from the river Rhône all the way to the Italian border. Its identity as a geographical region being a legacy of the Roman Empire, the Provence includes the French Riviera and is famous for its sunny weather, colourful countryside, long-standing traditions and local language (Provençal). The region's favourable climate makes the variety of available local produce second to none. Flowers, fruits and vegetables all grow in abundance, the sea's fish and shellfish stocks are rich and who could forget those two most Provençal of cottage industries? wine-making and perfumery.

Perhaps best known for the many fashionable resorts along the Côte d'Azur, the Provence's other main attractions include the ancient cities of Aix-en-Provence and Avignon, as well as a plethora of sun-baked villages and mountaintop towns. The region can be easily explored by car or bicycle, using the dense network of country roads and highways. So why not follow in the footsteps of Vincent Van Gogh and see for yourself why Provence-Alpes-Côte d'Azur is such a special and inspirational destination.

La región de Provenza-Alpes-Costa Azul (en francés: Provence-Alpes-Côte d'Azur) es una de las regiones más populares de Francia. Se encuentra al sur del país, limitando al este con Italia (con las regiones de Liguria y Piamonmte), al sur con el pequeño principado de Mónaco y con el mar Mediterráneo, al oeste con la región de Languedoc-Rosellón y al norte con Ródano-Alpes. La capital de la región es la ciudad de Marsella departamento de Bocas del Ródano.

Prowansja-Alpy-Lazurowe Wybrzeze – region administracyjny, polozony w poludniowej Francji na wybrzezu Morza Sródziemnego, przy granicy z Wlochami. Graniczy z dwoma regionami: Rodan-Alpy od pólnocy i Langwedocja-Roussillon od zachodu. W sklad regionu wchodzi 6 departamentów.

Prowansja-Alpy-Lazurowe Wybrzeze – region administracyjny, polozony w poludniowej Francji na wybrzezu Morza Sródziemnego, przy granicy z Wlochami. Graniczy z dwoma regionami: Rodan-Alpy od pólnocy i Langwedocja-Roussillon od zachodu. W sklad regionu wchodzi 6 departamentów.

Region Prowansja-Alpy-Lazurowe Wybrzeze obejmuje obszar historycznych prowincji Prowansji i Delfinatu.
W jego sklad wchodzi tez, wlaczone za czasów Drugiego Cesarstwa, Ksiestwo Nicei. Ponadto nazwa regionu odwoluje sie do dwóch wielkich regionów geograficznych – Alp i Lazurowego Wybrzeza.

Marseille
Aix-en-Provence
Antibes
Arles
Avignon
Cannes
Cassis
Gordes
Grasse
Hyères
Istres
Menton
Montfavet
Nizza
Orange
Toulon
La Seyne-sur-Mer

Olympus E-M1
OLYMPUS M.12-40mm F2.8
40.0mm · f/6.3 · 1/400s · ISO 320
Image type   JPEG
Resolution   4608×2592

Il y a tout au long des marchés de Provence
Qui sentent, le matin, la mer et le Midi
Des parfums de fenouil, melons et céleris
Avec dans leur milieu, quelques gosses qui dansent
Voyageur de la nuit, moi qui en ribambelle
Ai franchi des pays que je ne voyais pas
J'ai hâte au point du jour de trouver sur mes pas
Ce monde émerveillé qui rit et qui s'interpelle
Le matin au marché

Voici pour cent francs du thym de la garrigue
Un peu de safran et un kilo de figues
Voulez-vous, pas vrai, un beau plateau de pêches
Ou bien d'abricots ?
Voici l'estragon et la belle échalote
Le joli poisson de la Marie-Charlotte
Voulez-vous, pas vrai, un bouquet de lavande
Ou bien quelques œillets ?
Et par dessus tout ça on vous donne en étrenne
L'accent qui se promène et qui n'en finit pas

Mais il y a, tout au long des marchés de Provence
Tant de filles jolies, tant de filles jolies
Qu'au milieu des fenouils, melons et céleris
J'ai bien de temps en temps quelques idées qui dansent
Voyageur de la nuit, moi qui en ribambelle
Ai croisé des regards que je ne voyais pas
J'ai hâte au point du jour de trouver sur mes pas
Ces filles du soleil qui rient et qui m'appellent
Le matin au marché

Voici pour cent francs du thym de la garrigue
Un peu de safran et un kilo de figues
Voulez-vous, pas vrai, un beau plateau de pêches
Ou bien d'abricots ?

Voici l'estragon et la belle échalote
Le joli poisson de la Marie-Charlotte

Voulez-vous, pas vrai, un bouquet de lavande
Ou bien quelques œillets ?
Et par dessus tout ça on vous donne en étrenne
L'accent qui se promène et qui n'en finit pas